AF470101

27 Décembre 1909

marqué P

VENTE

Des Lundi 27 et Mardi 28 Décembre 1909

HOTEL DROUOT, SALLE N° 1

à deux heures

TABLEAUX ANCIENS

DES

Écoles Primitives et du XVIIIe Siècle

TABLEAUX MODERNES

Objets d'Art et d'Ameublement

ANCIENS ET DE STYLE

PROVENANT DE H STETTINER

Me F. LAIR-DUBREUIL

COMMISSAIRE-PRISEUR

M. ARTHUR BLOCHE

EXPERT PRÈS LA COUR D'APPEL

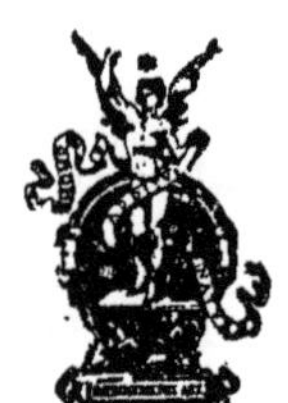

CATALOGUE

DE

TABLEAUX ANCIENS

Des Écoles Primitives et du XVIIIᵉ Siècle

TABLEAUX MODERNES

BRONZES, PENDULES, LUSTRES, ÉMAUX CLOISONNÉS

PORCELAINES ET FAIENCES

Bijoux — Argenterie style Louis XV, de BOUDET

Violon ancien, Éventails, Miniatures, Ivoires

BEAU MEUBLE DE SALON EN TAPISSERIE D'AUBUSSON

à sujets d'après F. BOUCHER et OUDRY

Autres de style japonais de la Maison VIARDOT
et en soierie de style Louis XV

SIÈGES VARIÉS — SALLE A MANGER EN ACAJOU CIRÉ ART NOUVEAU

PIANO CRAPAUD DE KRIELGELSTEIN

MEUBLES ANCIENS ET DE STYLE

Ancienne tapisserie d'Aubusson, Rideaux, Tapis, Broderies

Dont la vente aux enchères publiques aura lieu

HOTEL DROUOT, SALLE Nᵒ 1

Les Lundi 27 et Mardi 28 Décembre 1909

A DEUX HEURES

Mᵉ F. LAIR-DUBREUIL	**M. ARTHUR BLOCHE**
COMMISSAIRE-PRISEUR	EXPERT PRÈS LA COUR D'APPEL
6, rue Favart	21, boulevard Haussmann

Chez lesquels se trouve le présent Catalogue

EXPOSITION PUBLIQUE

Le Dimanche 26 Décembre 1909, de 2 h. à 5 h. 1/2

CONDITIONS DE LA VENTE

Elle sera faite au comptant.

Les adjudicataires paieront *dix pour cent* en sus des enchères.

L'exposition mettant le public à même de se rendre compte de l'état et de la nature des objets, aucune réclamation ne sera admise une fois l'adjudication prononcée.

Paris — Imp. de l'Art, CH. BERGER, 41, rue de la Victoire.

DÉSIGNATION

PEINTURES

DES ÉCOLES PRIMITIVES

ÉCOLE DE SIENNE (xvᵉ siécle)

1 — *Le Christ en croix.*

Autour et éplorés, la Vierge, les Saintes femmes et
saint Jean ; au second plan, les soldats armés de piques,
de haches et de bannières.

Peinture d'un caractère des plus intéressants à fond
d'or.

Dans un cadre ancien, de forme ogivale, en bois
sculpté et doré.

ÉCOLE PRIMITIVE

2 — *L'Adoration de l'Enfant Jésus.*

La Sainte Famille, assistée des anges tenant des
cierges et des banderoles à la main, témoigne son
adoration autour du divin fils de la Vierge. Par la porte
entr'ouverte de la crèche, on voit, à droite, d'autres
personnages.

Peinture intéressante sur bois.

ÉCOLE PRIMITIVE

3 — *Scène de la vie de saint Laurent.*

Étendu, dans un voilier accompagné de deux tortionnaires passant devant un château fort où deux personnages, sont en observation.
Bois. Peinture à fond d'or gravé.

ÉCOLE PRIMITIVE

4 — *Portraits d'un Saint et d'une Sainte.*

Représentés à mi-corps sur une terrasse de château à muraille crénelée, auréoles et fond d'or.
Deux peintures se faisant pendants sur bois.

TABLEAUX

DES ÉCOLES ANCIENNES & MODERNES

APPERT

5 — *La Collation.*

> Signé.

COURBET (G.)

6 — *Paysage; effet de neige.*

COURT

7 — *Paysage montagneux.*

COYPEL

8 — *Le Couronnement de Vénus.*

> Composition de seize figures : dieux, déesses et amours dans un paysage.
> Toile.

DAMOYE

9 — *Vaches au pâturage.*

> Signé à droite.

DEFAUX

10 — *Les Coqs.*

DEFAUX

11 — *La Basse-cour et étude de têtes de béliers.*

DESCHAMPS

12 — *Le Malade imaginaire.*

    Représenté en buste.
    Pastel.

DESPORTES

13 — *Paon et autres volatiles.*

    Corbeille de fleurs au pied d'un monument dans un parc.

DESPORTES

14 — *Canards dans un lac.*

    Au milieu d'un paysage boisé et à horizon très clair.
    Deux beau panneaux décoratifs.

DUCHEME (Marie)

15 — *Portrait de Femme italienne en costume de fête.*

ENGELRAS

16 — *La Lecture : Femme en costume Empire.*

FANTIN-LATOUR

17 — *Fruits.*

> Étude.
> Pastel.

FRAGONARD (D'après)

18 — *Portrait d'Homme tenant un cahier.*

FRAPPA (José)

19 — *Les Fiancés.*

FRAPPA (José)

20 — *La Femme au tambourin.*

FRAPPA (José)

21 — *L'Enfant de chœur.*

FRAPPA (José)

22 — *Le Turluféraire en prière.*

GIORDANO (Attribué à)

23 — *L'Amour et Psyché.*

> Importante composition d'un superbe coloris.

GOYA (Attribué à)

24 — *Les Toréadors.*

> Dans un paysage accidenté.

GRENET (Join)

25 — *Réunions dans un parc.*

Deux pastels ovales.

GUARDI (Attribué à)

26 — *Une Place à Venise au bord du grand canal.*

Animée de nombreux personnages, de gondoles et embarcations de toutes formes.

HUET (J.-B.)

27 — *Léda courtisée par Jupiter.*

Resplendissante de beauté, nue, et assise sur une draperie bleue à l'ombre de grands arbres, au bord d'un ruisseau, elle contemple Jupiter qui sous les traits du cygne lui caresse la gorge. A gauche, deux baigneuses sont assises et observent discrètement. Dans les nuages, deux amours lui décochent leurs traits en la regardant malicieusement.

Cette composition des plus gracieuses est représentée dans un paysage aux teintes bleutées et claires.

Toile.

HUET (Jean-Baptiste)

28 — *Le Campement champêtre.*

A l'abri d'une hutte, des enfants se reposent et prennent leurs ébats. Paysage très clair à reflets bleutés.

Charmant tableau.

Toile.

INNOCENTI

29 — *Le Buveur.*

INNOCENTI

30 — *Le Mousquetaire.*

KOCKKOEK

31 — *Le Patinage ; effet d'hiver en Hollande.*

LAENLIN (A.)

32 — *Portrait de Femme.*

Toile ovale. Signée et datée : *Paris, 1855.*

LARGILLIÈRE (École de)

33 — *Portrait de Femme en corsage brodé, et tenant une coupe de la main droite.*

Cadre ovale en bois sculpté, doré.

LÉPICIÉ (D'après)

34 — *Tête de Petit Garçon.*

LÉPINE (S.)

35 — *Le Chemin du village.*

MADOU (Attribué à)

36 — *La Mauvaise Nouvelle.*

MANGIN

37 — *Paysage d'Afrique.*

Aquarelle.

MEULEN (Attribué à Van der)

38 — *Vue de Versailles.*

Composition de nombreux personnages et cavaliers.

NATTIER (Attribué à)

39 — *Portrait de Gentilhomme.*

Regardant presque de face, coiffé à la poudre, en habit brun brodé d'or, avec chemisette à jabot de dentelle.

NATTIER (D'après)

40 — *Portrait de Femme à corsage décolleté.*

NETSCHER (Attribué à)

41 — *La Chaste Suzanne.*

Représentée assise presque nue, tenant une rose à la main, le bras gauche appuyé sur un tapis d'Orient ; dissimulés derrière les arbres, deux vieillards barbus admirent ses charmes.

NUBER (H.)

42 — *Raisins et nature morte.*

POUSSIN (École de Nicolas)

43 — *Jésus guérissant les malades.*

RAOUX (Attribué à)

44 — *Le Morceau de chant.*

RICHET (Léon)

45 — *Jeune Fille sous bois.*

RIGAUD (École de)

46 — *Portrait de Don Hercules Thomas Rovero,
marquis de Cortance.*

ROQUEPLAN

47 — *Les Petits Maraudeurs surpris.*

SIGNORET (Charles)

48 — *L'Avant-port de Saint-Malo.*
Effet de soleil couchant.

SIGNORET (Charles)

49 — *Coucher de soleil à la Pointe rouge.*
Golfe de Marseille.

SIGNORET (Charles)

50 — *Les Barques de Cancale, toutes voiles dehors.*

SPOHLER (J.-T.)

51 — *Vue de Ville en Hollande.*

STEVENS (Alf.)

52 — *Marine.*

TAYSIER (René)

53 — *Marine.*

TENIERS (École de David)

54 — *Le Fumeur.*

THOMINE

55 — *Tête de Jeune Italienne.*

TOCQUÉ (Attribué à)

56 — *Portrait d'un Gentilhomme.*

Représenté assis, s'appuyant les mains sur un livre,
coiffure à perruque poudrée.
Bon tableau.

TROY (De)

57 — *La Causerie dans le parc.*

Assis devant un vase de marbre, une jeune femme
en élégants atours, tenant sa fillette par la main, s'en-
tretient avec un jeune seigneur; un petit chien aboie
près d'eux. A droite, derrière une balustrade, deux
personnages traversent le parc.
Toile.

VALENTIN (Attribué à)

58 — *La Partie de Cartes.*

VERNET (Attribué à JOSEPH)

59 — *Femmes à la fontaine ; Paysage maritime.*

VERNET (Attribué à JOSEPH)

60 — *Vue du Vésuve, avec figures de bateliers sur la mer Tyrrhénienne.*

ÉCOLE ALLEMANDE (XVIᵉ siècle)

61 — *Le Christ à la colonne.*

Composition intéressante de plusieurs personnages, finesse de détails dans les costumes et physionomies très expressives.
Cadre en bois noir guilloché.

ÉCOLE ALLEMANDE (XVIᵉ siècle)

62 — *Saint Gérôme.*

Représenté à genoux devant le Christ ayant à ses pieds les saintes Évangiles. Dans un paysage avec église et chapelle en perspective.
Cadre en bois noir guilloché.

ÉCOLE ESPAGNOLE (XVIIIᵉ siècle)

63 — *Portrait de Dame de qualité.*

Représentée à mi-corps en riches atours de brocart et de dentelle, parée de joyaux, tenant une rose à la main, tournant sa tête presque de face.
Intéressant portrait par les détails de costume et la finesse de touche.

ÉCOLE ESPAGNOLE (XVIIIe siècle)

64 — *Portrait d'un Gentilhomme.*

Représenté à mi-corps, la tête tournée presque de
face, avec perruque blonde à frisures tombant sur les
épaules, coiffé d'un tricorne de velours noir orné de broderies d'or et de plumes blanches, en habit rouge
brodé d'or, tenant à la main un message.
Bon portrait, pendant du précédent.
Toile.
Cadres anciens en bois sculpté, parties dorées.

ÉCOLE FRANÇAISE (XVIIe siècle)

65 — *Portrait de Jeune Homme à perruque, recou-
vert d'un manteau bleu.*

ÉCOLE FRANÇAISE (XVIIIe siècle)

66 — *Renaud endormi dans les jardins d'Armide.*

ÉCOLE FRANÇAISE (XVIIIe siècle)

67 — *Vue d'un port de mer, avec nombreux personnages sur une terrasse.*

ÉCOLE FRANÇAISE (XVIIIe siècle)

68 — *Esther et Assuérus.*

ÉCOLE DU XVIIIe SIÈCLE

69 — *Portrait d'Homme.*

Perruque poudrée, en habit bleu.
Pastel.

ÉCOLE FRANÇAISE

70 — *Paysage avec personnage accoudé sur un mur.*

ÉCOLE FRANÇAISE

71 — *Portrait de Femme Premier Empire, en robe décolletée et écharpe rouge.*

Toile ovale.

ÉCOLE FRANÇAISE

72 — *Diane et ses Nymphes.*

Deux dessus de portes.

ÉCOLE FRANÇAISE

73 — *Les Vœux de l'Amour.*

ÉCOLE FRANÇAISE

74 — *L'Enfant chéri.*

Gravure.

ÉCOLE HOLLANDAISE

75 — *Paysage traversé par un canal et animé de figures.*

ÉCOLE ITALIENNE

76 — *Le Baptême du Christ.*

ÉCOLE ITALIENNE

77 — *Personnage assis au pied d'un arbre et jouant de la contrebasse.*

ÉCOLE HOLLANDAISE

78 — *Intérieur d'écurie.*

Cadre en bois sculpté, doré.

ÉCOLE MODERNE

79 — *Vue de Venise.*

ÉCOLE MODERNE

80 — *Souvenir d'Espagne.*

ÉCOLE MODERNE

81 — *L'Incroyable lisant.*

ÉCOLE MODERNE

82 — *Trois Gravures en noir et en couleur.*

Encadrées.

83 — Gravure anglaise en couleur : *La Femme au manchon.*

BRONZES, PENDULES

84 — Grand brûle-parfums tripode en bronze du Japon, à anses formées par des chimères, et décoré en relief de volatiles dans des branchages.

85 — Jardinière en émail cloisonné de la Chine, fond bleu turquoise, décor à fleurs en polychrome.

86 — Cornet à anses en émail cloisonné de la Chine, fond turquoise, décor à animaux fantastiques.

87 — Bouddha ancien en bronze de l'Extrême-Orient, assis et se caressant la barbe.

88 — Paon en cuivre repoussé et poli.

89 — Groupe en bronze : le Départ de l'Islandais, de Berthe Girardot. (Signé.)

90 — Statuette de femme en bronze, sur socle en marbre vert de mer.

91 — Deux lampes de piano, à colonnettes, en cuivre.

92 — Plumier et encrier en bronze. Modern'style.

93 — Lampe électrique, à figurine de femme, en
bronze. Modern'style.

94 — Lustre en bronze doré, de style Louis XV, à
douze lumières électriques.

95 — Lustre en bronze doré, à six lumières électriques, à branches feuillagées émergeant d'un
vase bleui. Style Louis XVI.

96 — Lustre à six lumières, en bronze et cristaux,
pour électricité.

97 — Deux grands vases en marbre vert, montures
en bronze doré, anses à têtes de béliers. Style
Louis XVI.

98 — Paire de bouts de table, à deux lumières, en
bronze doré.

99 — Paire de petits bougeoirs, de style Louis XV,
en bronze doré.

100 — Paire de flambeaux, de style Louis XV, en
bronze doré.

101 — Paire de flambeaux en cuivre. Commence-
ment du XIXe siècle.

102 — Petit flambeau en bronze, à figure d'Égyp-
tienne.

103 — Paire de vases-balustres en émail cloisonné
de Chine, fond bleu turquoise.

104 — Paire de vases en bronze japonais, en partie
frotté d'or, à personnages en relief.

105 — Groupe en bronze, d'après CLODION : Faune
et Bacchante.

106 — Pendule porte-montre Louis XV, plaquée
d'ornements en ivoire.

107 — Pendule en bois de Thuya, supportée par
deux lions en bronze doré. Époque Premier
Empire.

108 — Pendule en marbre blanc et bronze doré, à .
mouvement accosté de statuettes en bronze pa-
tiné.

109 — Pendule en porcelaine décorée, à guirlandes
de fleurs en relief; cadran placé entre deux
figures d'amours.

110 — Petite pendule Louis XVI en marbre blanc,
à pilastres supportant le cadran; ornements en
bronze doré.

PORCELAINES, FAIENCES

111 — Grand vase en ancienne faïence espagnole, décor par rayons à médaillons paysages en bleu sur blanc. Pièce rare.

112 — Tasse-trembleuse en ancienne porcelaine de Locré, décor à semis de fleurs, bordure truitée.

112 *bis* — Tête-à-tête en porcelaine de Sèvres.

113 — Paire de vases en porcelaine de Saxe, décor d'amours et de fleurs en relief.

114 — Miroir à chevalet ; cadre en porcelaine de Saxe, à figures d'enfants et guirlandes de fleurs en relief.

115 — Grand pot à anse en porcelaine de Capo di Monte.

116 — Tête-à-tête en porcelaine de Vienne, à décor égyptien, composé de : une théière, un petit vase couvert, un sucrier et sa cuiller, deux tasses avec soucoupes et un plateau.

117 — Paire d'aiguières en faïence de Clément Massier ; anses à figures de femmes.

118 — Deux boîtes à épices en faïence de Rouen.

119 — Jardinière-bouquetière en ancienne faïence de Lunéville, décor vannerie, bordure rouge et vert.

120 — Jardinière en ancienne porcelaine de Chine, décor à dragons en bleu sur blanc.

121 — Jardinière en ancienne porcelaine de Chine, décor à armoiries, objets d'art et d'ameublement en bleu sur blanc.

122 — Paire de potiches en ancienne porcelaine de Chine, fond vert, décor à insectes et fleurs.

123 — Vase en porcelaine de Chine, décor à médaillons fond blanc, offrant des volatiles perchés dans des branchages fleuris réservés sur fond rouge truité.

124 — Grand vase en porcelaine de Chine, décor à fleurs et feuillages en blanc sur fond bleu.

125 — Paire de grands vases en porcelaine de Chine, décor : médaillons de personnages fond blanc, réservés sur fond bleu à rehauts d'or.

126 — Vase quadrangulaire à anses, décor à nombreux personnages en polychrome.

127 — Vase, de forme allongée, fond rouge sang de bœuf, en porcelaine de Chine.

128 — Curieuse théière en porcelaine de Chine, décor à médaillons de marines, paysages et animaux fond blanc, réservés sur fond noir.

129 — Statuette en ancien grès et céladon vert de Chine, représentant un bouddha debout, les mains jointes.

130 — Statuette équestre en grès, parties émaillées, de Chine.

131 — Potiche couverte en porcelaine de Chine, fond bleu à rehauts d'or, décor à médaillons de vases fleuris fond blanc.

132 — Vase couvert en porcelaine de Chine, fond noir, décor à réserves de personnages. Époque Kien-lung.

133 — Vase de Chine, décor à oiseaux et feuillages en bleu.

134 — Cornet en vieux Chine, décor en bleu.

135 — Grande vasque en porcelaine de Chine, décor bleu.

136 — Paire de potiches en porcelaine de Chine, décor polychrome.

137 — Paire de vases en faïence japonaise, décor à personnages.

BIJOUX, ARGENTERIE

OBJETS DIVERS

138 — Chronomètre-chronographe en or, répétition
à minutes, quantième perpétuel, 35 rubis, indi-
quant les phases de lune et portant le chiffre
F. II.; de la *Maison B. Haas, jeune, à Genève.*

(*Provenant de la vente Humbert.*)

139 — Broche, formée d'un gros grain de corail
rose d'une nuance remarquable, entourée d'une
délicate monture en diamants.

140 — Broche, forme trèfle, à quatre feuilles, en
brillants et roses.

141 — Broche modèle boucle, à rubans, en or
émaillé, enrichie d'émeraudes, de perles et de
roses.

142 — Deux étoiles en perles et brillants.

143 — Pendentif et paire de boucles d'oreilles en
onyx, monture or enrichie de roses.

144 — Miroir à main en nacre, or et strass. Style
Louis XVI.

145 — Collier de neufs rangs en corail.

146 — Boîte ovale en or guilloché, bordure ciselée.
Époque Louis XVI.

147 — Montre en or. Époque Louis XVI.

148 — Chaine de gousset, composée d'une pièce de cent francs en or à l'effigie du Prince de Monaco Charles III, une pièce de cinquante francs à l'effigie de Napoléon III an 1867, une de vingt francs à l'effigie de la République française et une de six francs Napoléon III ; monture or.

149 — Pièce de cent francs en or à l'effigie de Napoléon III 1869 ; montée avec un anneau.

150 — Chaine double de gilet en or.

151 — Porte-or à boitier spiral en or.

152 — Boite à allumettes en or repoussé, avec médaillon : Saint Georges.

153 — Garniture de boutons de manchettes et de chemise en or.

154 — Porte-crayon, cure-oreille et cure-dents, peignes, canif en or. (Sera divisé.)

155 — Quatre bagues en or.

156 — Deux épingles de cravates or et perles.

157 — Bague ancienne, ornée de marcassites.

158 — Paire de boutons de manchettes en or.

159 — Bracelet en argent repercé.

160 — Garniture de boutons de chemise et de manchettes en argent doré.

161 — Boite à allumettes et petite brosse à barbe en argent.

162 — Narghilé turc ancien en cristal taillé ; monture en argent.

163 — Service de toilette en argent ciselé, de style Louis XV, composé de : six brosses, un chausse-pieds, un tire-boutons, quatre grands flacons, deux boites à poudre de riz, une bonbonnière, une boite à savon et une boite à brosses.

164 — Cuvette et pot à eau en argent ciselé, de style Louis XV, de la *Maison Boudet*.

165 — Moutardier et deux salières en argent repoussé, à figures et palmes. Époque Premier Empire.

166 — Paire de flambeaux, de style Louis XV, en argent ciselé.

167 — Service à glace en argent gravé, composé d'une pelle et douze cuillers.

168 — Bonbonnière ronde en jaspé rouge, avec miniature en grisaille : Scène mythologique, de De Gault. Signée.

169 — Petite boite ronde en or guilloché, d'époque Louis XVI.

170 — Petite décoration en diamants.

171 — Miniature : Portrait de jeune femme assise, tenant un cahier. Cadre en bronze.

172 — Miniature : Portrait de femme tenant une navette. Cadre en bronze.

173 — Miniature : Portrait de femme Premier Empire. Cadre sculpté, doré.

174 — Éventail en ivoire, décor vernis Martin, offrant des médaillons à scènes champêtres sur fond d'or d'un côté et un paysage avec cours d'eau animé d'embarcations et de personnages de l'autre côté.

175 — Grand éventail en dentelle blanche ; monture en nacre.

176 — Médaillon en biscuit de Sèvres : Petit faune dans un paysage.

177 — Manche de couteau en buis sculpté, représentant des groupes de nymphes et de tritons. xvie siècle.

178 — Bas-relief en ivoire, représentant Henri IV.

179 — Miniature ovale sur ivoire : Portrait de femme, coiffure Louis XIV.

180 — Statuette de colporteur en ivoire et morse. Travail chinois.

181 — Statuette de personnage sur cigogne en ivoire. Travail chinois.

182 — Statuette de personnage sur poisson en ivoire. Travail chinois.

183 — Six netzké en ivoire sculpté. Travail chinois.

184 — Petit éventail brodé à paillettes.

185 — Petite figurine de Jeanne d'Arc en bronze argenté.

186 — Calendrier perpétuel en bronze doré, à rocailles.

187 — Thermomètre cristal, théière japonaise et petite chapelle style gothique.

188 — Petit livre : *Pour une nuit d'amour,* d'Emile Zola. Edition rare, tirée à 50 exemplaires.

189 — Trois petits bustes marrons sculptés, types humoristiques.

190 — Éventail, monture en nacre ajourée à rehauts d'or, feuille à double face.

191 — Éventail, monture en nacre gravée et ajourée, feuille à double face.

192 — Bouddha en cristal de roche, sur socle en améthyste sculptée. Travail ancien de la Chine.

193 — Deux vases en cristal, décorés sous couverte de cortèges de mandarins en polychrome. Travail chinois.

194 — Figure de femme debout, portant un animal en ivoire. Travail ancien de la Chine.

195 — Deux petits vases-rouleaux en ivoire, parties laquées, décor à arbustes fleuris.

196 — Statuette de personnage portant une pagode, avec chimère à ses pieds, en ivoire. Signée. Travail chinois.

197 — Grand coffret en bois de rose, garnie de bronzes dorés.

198 — Violon ancien, avec son archet et sa boîte.

SIÈGES, MEUBLES

199 — Beau meuble de salon, composé d'un canapé
et quatre fauteuils, en bois finement sculpté et
doré, dessin à coquilles et ornements fleuron-
nés, couverts en tapisserie d'Aubusson, représentant au dossier du canapé : « le But », des
amours prenant leurs ébats dans les nues, aux
dossiers des fauteuils des allégories aux arts
et aux sciences, compositions d'après F. Boucher,
encadrés de fleurs et d'ornements et sur les
sièges des animaux dans des paysages, d'a-
près Oudry. Style xviiie siècle.

200 — Deux grandes bergères à oreillons en bois
sculpté et doré, style xviiie siècle, couvertes en
tapisserie d'Aubusson, à paysages animés d'animaux.

201 — Bel écran en bois finement sculpté et doré,
avec panneau en tapisserie fine d'Aubusson :
Amours, d'après F. Boucher. Style Louis XVI.

202-208 — Bel ameublement de salon en bois
sculpté, de style japonais, de la *Maison Viardot*,
composé de :
1° Bibliothèque, décorée d'incrustations d'ivoire.
2° Table de milieu, incrustée de nacre et ornée
de chimère et d'appliques en bronze ciselé.
3° Meuble-vitrine en bois sculpté à jour, ouvrant
à deux vantaux et décorés de chimères et
d'appliques en bronze ciselé au ton vieil or.

4° Vitrine en bois sculpté à jour, avec glace biseautée et ornée de chutes en bronze ciselé, intérieur gainé de peluche chaudron.

5° Écran en bois sculpté, fronton à chimère, feuille en satin rouge rubis brodé.

6° Six pieds-supports en bois sculpté et ajouré. (Sera divisé.)

7° Petit canapé incrusté de nacre, garni en soie jaune impérial et deux chaises ornées de bronzes ciselés et garnies de soie brodée fond jaune impérial.

209 — Banquette de piano en bois sculpté peint gris, foncée de canne, style Louis XV, avec coussin en soie brochée vieux rose.

210 — Petit canapé en bois sculpté, laqué gris clair, orné de perlé d'or, couvert, avec coussin en soie brochée, dessin à corbeilles fleuries, style Louis XVI, de *Poujols*.

211 — Petite marquise en bois sculpté et doré, couverte en soierie rayée et brochée, style Louis XVI, de *Poujols*.

212 — Deux chaises bambou doré, couvertes en peluche brodée.

213 — Ameublement de salon en bois sculpté peint gris, style Louis XV, garni en soie brochée fond vieux rose, composé d'un canapé et quatre fauteuils.

214 — Banquette en bois sculpté doré, de style
Louis XV, garnie de canne et d'un coussin
genre tapisserie.

215 — Bergère en bois sculpté doré, style Louis XV,
garnie en velours ciselé sur fond vert.

216 — Canapé en bois sculpté peint gris, style
Louis XVI, garni de canne.

217 — Bergère formant niche en bois laqué blanc,
garnie en soie brochée. Style Louis XVI.

218 — Fauteuil en bois laqué blanc, de style
Louis XV, garni en blanc.

219 — Bergère en bois laqué blanc, garnie en soie,
brochée à fleurs. Style Louis XVI.

220 — Six chaises en bois sculpté Louis XIII, garnies en cuir.

221 — Fauteuil Louis XV en noyer sculpté, garni
en ancienne tapisserie à fleurs sur fond jaune.

222 — Bergère en bois sculpté, laqué blanc, de
style Louis XVI, garnie en velours ciselé.

223 — Fauteuil-marquise en bois sculpté, laqué
blanc, style Louis XV, garni en soie brochée
fond vert pâle.

224 — Support à étagères en bois finement sculpté
et doré, à quatre pieds décorés de piécettes
enfilées, couronnés de têtes de béliers et reliés
par des guirlandes de fleurs, style Louis XVI,
de *Poujols*.

225 — Meuble-étagère en bois de noyer sculpté,
style Louis XV, de *Lucas Mangery*.

226 — Porte-carton en bois de noyer, même style,
de *Lucas Mangery*.

227 — Crédence en noyer, sculpté et ciré, modèle
de Ducerceau, style Renaissance. Travail de
Drouard.

228 — Secrétaire en marqueterie, orné de bronzes
dorés. Style Louis XV.

229 — Grande glace avec cadre doré à fronton.
Style Louis XV.

230 — Bahut à deux portes en marqueterie de bois
à bouquets de fleurs, à deux portes ; dessus en
marbre.

231 — Glace avec cadre en noyer ciré, à colonnes
accouplées.

232 — Bibliothèque basse ou liseuse à étagères en
chêne ciré.

233 — Porte-manteaux et parapluies en bois laqué
blanc, avec console au milieu surmontée d'une
glace. Style Louis XVI.

234 — Console Louis XVI en bois sculpté peint
vert d'eau et doré, décor à nœuds de ruban et
guirlande de fleurs.

235 — Bibliothèque tournante en bois d'acajou et
marqueterie, ornée de filets de cuivre. Style
Louis XVI.

236 — Commode Louis XV en marqueterie de bois
à fleurs, garnie de bronzes dorés ; dessus de
marbre.

237 — Table carrée, garnie en velours rouge, avec
bandes en broderies Renaissance.

238 — Petite table d'encoignure en ancienne soie
brochée sur fond vieux rose.

239 — Coffre en chêne sculpté.

240 — Porte-manteaux en bois peint gris, de style
Louis XVI, garni de tablettes cannées.

241 — Paravent à trois feuilles, gainées sur les
deux faces, en soie brochée fond crème et fond
bleu.

242 — Glace-trumeau en bois sculpté peint gris,
avec console-applique à dessus de marbre. Style
Louis XV.

243 — Meuble-crédence en bois sculpté, ouvrant à quatre vantaux, à figures de saints.

244 — Petit bureau Louis XV en noyer sculpté.

245 — Commode à quatre tiroirs en noyer sculpté xviiie siècle, poignées et entrées de serrures en bronze.

280

246 — Table rectangulaire en bois de rose et de violette, garnie de bronzes dorés. Style Louis XV.

153

247 — Guéridon rond, sur quatre pieds cambrés, en bois de violette, ornements de bronze ciselés et dorés. Style Louis XV.

248 — Écran en bois sculpté doré, feuille en tapisserie au petit point à figure d'amour.

650

249 — Piano 1/4 de queue en bois noir, de *Kriegelstein*.

1.800

250 — Bibliothèque en bois de rose, garnie de bronzes ciselés et dorés, de style Louis XV, ouvrant à trois portes grillagées ; dessus de marbre brèche. De la *Maison Nelson*.

251 — Horloge hollandaise. xviiie siècle.

180

252 — Vitrine en bois sculpté, décorée au vernis et ornée de bronzes. Style Louis XV.

130

253 — Console en bois sculpté doré ; dessus de marbre blanc. Style Louis XV.

254 — Grande glace médaillon ; cadre doré.

255 — Table de salon en bois doré.

210

256 — Table en bois sculpté et doré, de style Louis XIV ; dessus de marbre rouge.

257 — Secrétaire Louis XVI.

600

258 — Grand lit de milieu en bois sculpté, doré, de style Louis XV, garni de canne.

340

259 — Meuble à hauteur d'appui en marqueterie de bois rose, garni de bronzes ciselés et dorés, style Louis XVI ; dessus de marbre blanc.

260 — Petit guéridon sur quatre pieds, à étagère, en bois de rose et de violette.

261 — Table forme rognon en marqueterie de bois à damiers. Style Louis XV.

262 — Grande vitrine en bois sculpté doré, de style Louis XVI, ouvrant à deux portes à glaces ; dessus de marbre.

263 — Table-bureau en bois de rose et marqueterie à fleurs, sur pieds en forme de lyres.

264 — Table à jeu de forme ronde en marqueterie de bois de rose.

265 — Belle salle à manger en acajou sculpté et ciré (art nouveau), composée de : un buffet-dressoir, un meuble-argentier à deux corps, une table et six chaises garnies en cuir.

266 — Commode Louis XV en marqueterie de bois, garnie de bronzes.

267 — Deux panneaux de paravent, ornés d'applications de jade vert et blanc, d'os et de bois sculpté, décor à vases fleuris, objets d'art et ornements variés. Travail chinois.

268 — Colonne en marbre de couleur, avec base et chapiteau en bronze doré.

TAPISSERIES, TENTURES

TAPIS

269 — Grande tapisserie ancienne d'Aubusson, dite
verdure, animée de volatiles, avec vues de châ-
teaux; bordure à vases fleuris, fruits et feuillages.

Long., 4 m. 60 cent.; haut., 2 m. 50 cent.

270 — Panneau en ancienne tapisserie. Encadré.

271 — Quatre rideaux en tapisserie d'Aubusson, à
grands rinceaux et gerbes de fleurs sur fond gris.

272 — Large bandeau en velours rouge et applica-
cations de broderie d'époque Renaissance, avec
médaillon central, en ancienne broderie à sujet
religieux.

273 — Bandeau en broderie d'époque Renaissance
sur fond de velours rouge, dessin à rinceaux
et fleurs.

274 — Panneau en satin crème brodé de soie et d'or,
dessin à personnages. Travail de l'Extrême-
Orient.

275 — Dessus de piano en soie brochée, décor de
fleurs sur fond rose.

276 — Tapis d'Aubusson fond rouge et gris, décor à guirlandes et médaillons de fleurs.

277 — Grande carpette d'Orient fond bleu, à dessin polychrome.

278 — Carpette orientale fond gros bleu, décor en polychrome; bordure fond gris.

279 — Tapis turc, fond rouge, décor à médaillons fond bleu. xviiie siècle.

Long., 4 mètres; larg., 2 m. 90 cent.

280 — Tapis de Boukhara à dessin velouté, fond rouge; bordure fond blanc. xviiie siècle.

Long., 2 m. 10 cent.; larg., 1 m. 70 cent.

281 — Tapis ancien de Mir, fond bleu, contrefond rouge, dessin à médaillons, avec bordure multiple.

Long., 2 mètres; larg., 1 m. 25 cent.

282 — Tapis ancien de Shoumak, fond crème, dessin à ornements géométriques.

283 — Objets omis.

www.ingramcontent.com/pod-product-compliance
Ingram Content Group UK Ltd.
Pitfield, Milton Keynes, MK11 3LW, UK
UKHW021316190726
13839UKWH00007B/1894